Denkschrift
über
die vorübergehende Beschäftigung von Gerichtsassessoren in Privatbetrieben

von

Dr. A. N. Zacharias,
Rat am Hanseatischen Oberlandesgericht.

Berlin 1912.
J. Guttentag, Verlagsbuchhandlung,
G. m. b. H.

Vorwort.

Die vorliegende Denkschrift ist von mir zu einem bestimmten praktischen Zwecke verfaßt. Die Notwendigkeit, in immer zunehmendem Maße bezüglich der im Titel bezeichneten Materie an Kaufleute, Industrielle und Assessoren über meine Wahrnehmungen Auskunft zu geben, ließ es mir zweckmäßig erscheinen, das Wesentliche in einer kurzen Druckschrift zusammenzufassen, durch deren Übersendung Schreiberei erspart werden kann. Ich habe es weiter für zweckmäßig gehalten, diese Schrift dann auch in den Buchhandel zu geben, damit jeder, der sich etwa für die Sache interessiert, sich von dem Inhalte Kenntnis verschaffen kann.

Im Mai 1912.

Der Verfasser.

Jedermann weiß, daß für Handel und Industrie ein intensives Interesse daran besteht, daß die Rechtspflege so vollkommen wie irgend möglich sei, und daß sie den Bedürfnissen des Verkehrs so gut wie möglich angepaßt sei. Dagegen scheint es der großen Mehrzahl der Kaufleute und Industriellen noch nicht bekannt zu sein, daß sie imstande sind, sobald sie es nur wollen, zur Heranbildung tüchtiger Richter selber mitzuwirken.

In den Kreisen von Nichtjuristen ist die Vorstellung verbreitet, man brauche, um ein tüchtiger Richter zu sein, neben guter Veranlagung nur Rechtskenntnis und Beherrschung der juristischen Technik. Das ist ein Irrtum. Ein gut veranlagter junger Jurist, der durch fleißige Arbeit ein hohes Maß von Gesetzeskenntnis und juristischer Technik sich angeeignet hat, kann als Richter den Aufgaben seines Amtes nur unzulänglich gerecht werden, solange er nicht auch ein ansehnliches Maß von Lebenserfahrung sich erworben hat. Es ist unmöglich, zwischen streitenden Menschen in gerechter Weise Recht zu sprechen, wenn man nicht gelernt hat, ihre Denkweise und ihre Handlungen und Äußerungen von Grund aus zu verstehen, und wenn man nicht für die Bedürfnisse des wirtschaftlichen Verkehrs lebendiges Verständnis gewonnen hat.

Fort und fort hat der Richter zu entscheiden, was ein Mann gewollt oder gemeint hat, als er in bestimmter Weise handelte oder sprach oder schwieg. Er hat zu entscheiden, ob der Beklagte, als er in bestimmter Weise handelte, die im Verkehr erforderliche Sorgfalt außer acht gelassen hat und ob ein anderer Beklagter durch sein Verhalten Treu und Glauben verletzt hat. In allen diesen und zahllosen anderen Fällen vermag die Rechtswissenschaft dem Richter nur wenig zu helfen. Die Richtigkeit und Sicherheit der Entscheidung des Richters ist hier überwiegend von seiner Lebenserfahrung abhängig. Man täuscht sich, wenn man glaubt, ein kluger Mensch könne solche Tatfragen aus sich heraus auch ohne Erfahrung richtig entscheiden. Die Denkweise und die Vorstellungen eines noch so gut veranlagten jungen Mannes, der in einem Beamtenkreise aufgewachsen ist, dann die Hochschule besucht hat und nicht viel unter anders erzogenen Menschen sich bewegt hat, sind so verschieden von der Art des Denkens und Handelns, die im Erwerbsleben herrscht, und von den Vorstellungen anders erzogener Menschen, daß jenem jungen Manne die richtigen Maßstäbe zur Beurteilung zunächst noch fehlen. In den Streitigkeiten der Menschen begegnet der junge Jurist nur kranken Fällen des Verkehrs. Den richtigen Maßstab zur Beurteilung der kranken Fälle hat nur derjenige, der im gesunden Verkehrsleben zu Hause ist und weiß, wie es dort zugeht. Daher kommt für die Heranbildung tüchtiger Richter ganz außerordentlich viel darauf an, daß man die jungen Leute nicht allein zu Kennern des Gesetzes, sondern auch zu Kennern des Lebens und besonders des wirtschaftlichen Lebens erzieht.

Zur Übermittelung von Lebenserfahrung vermag ein eigentlicher Unterricht nur wenig zu leisten. Vorträge über wirtschaftliche Verhältnisse und Besichtigungen von industriellen Werken und gemeinnützigen Anstalten können gewisse Einblicke gewähren und anregend auf die Neigung zu eigener Beobachtung wirken. Alle derartigen Hilfen können aber auch nicht im entferntesten dasselbe für die Förderung der Lebenserfahrung leisten, was der junge Jurist gewinnt, wenn ihm die Möglichkeit eröffnet wird, selber während einer, wenn auch nur kurzen Periode seines Lebens — losgelöst von der Juristenwelt — inmitten des vollen Erwerbslebens unter anders erzogenen, von anderen Tendenzen erfüllten Menschen zu leben und zu arbeiten.

Der Gedanke der vorübergehenden Beschäftigung junger Juristen in gewerblichen Unternehmungen ist nicht neu. Aber bis vor kurzem hat man bei der Ausführung dieses Gedankens m. E. unpraktische Wege eingeschlagen. Vornehmlich waren es große Banken, deren Hilfe man früher in Anspruch genommen hat. Wenn viele erfahrene Männer des Handels und der Industrie sich heutzutage über die damals gemachten Erfahrungen — mit Recht — abfällig äußern, so ist zu erwidern, daß nicht die Grundidee unrichtig war, sondern daß die Wege, die man einschlug, verfehlte waren, und daß man allerdings auf solchen Wegen nur ausnahmsweise zu guten Erfolgen für die Ausbildung von Richtern gelangen konnte.

Man hat sich früher im wesentlichen darauf beschränkt, zwischen dem Assessor und dem Prinzipal eine Beziehung herzustellen. Was dann im einzelnen geschehen sollte, und welche Ziele verfolgt werden sollten, hat man ihnen überlassen. Welch schwierige, meist unlösbare Aufgabe damit beiden Teilen gestellt war, das ist mir erst bei den detaillierten Verhandlungen recht klar geworden, die ich im letzten Jahre mit zahlreichen Prinzipalen und Assessoren zu führen Gelegenheit hatte. Von vereinzelten Ausnahmefällen abgesehen, trifft man bei den Prinzipalen und Assessoren in der Regel zunächst auf die Vorstellung, es handle sich darum, daß der Assessor die Organisation eines großen kaufmännischen oder industriellen Betriebes kennen lernen solle, und, wenn möglich, auch in die Technik bestimmter Handelszweige eingeführt werden solle.

Da für einen zukünftigen Richter kein Lernen irgendwelcher Art ganz unnütz ist, so ist es sicherlich für ihn auch nicht ganz unnütz, wenn er erfährt, wie ein großes Werk organisiert ist. Aber nennenswert ist der erzielte Nutzen für die Entscheidung von Streitigkeiten, wie sie die große Masse der Prozesse ausmachen, nach meiner Überzeugung nicht. Die Kaufleute übersehen leicht, daß der Prozeßrichter nur in bescheidenem Maße Veranlassung hat, organisatorisches Können zu entfalten. Wenn ich in meinem Geiste die Prozesse Revue passieren lasse, in denen ich in den letzten drei Monaten zu arbeiten hatte, so wüßte ich keinen einzigen, wo die Kenntnis der Organisation eines großen Werkes hätte Nutzen bringen können, während umgekehrt unter allen jenen Prozessen wohl kein einziger gewesen ist, bei dessen Bearbeitung ich mich nicht der vielfältigen Lebenserfahrung, die ich mir habe erwerben dürfen, als Rüstzeugs zu bedienen gehabt hätte. Kenntnis der Organisation großer Werke ist jedenfalls nur ein äußerst unbedeutender Teil der Erfahrung, die man als Richter braucht.

Etwas anders, aber nicht viel anders, steht es um die Erlernung der Technik eines bestimmten Handelszweigs. Man nehme als Beispiel den Effektenhandel. Es wird sehr schwer, kaum möglich sein, einen Assessor während der relativ kurzen Zeit seiner Beschäftigung jene Technik zu lehren. Und wenn das ganz oder zum Teil gelingt, was ist damit gewonnen? Die Zahl der Prozesse, in denen solche Spezialkenntnis eines Richters wertvoll ist, ist, wenn man die gesamte deutsche Rechtspflege in Betracht zieht, im Verhältnis so gering, daß ein öffentliches Interesse daran, daß junge Juristen zu solcher Spezialkenntnis erzogen werden, nicht besteht.

Die Vorstellungen über das Ausbildungsziel, mit denen früher Prinzipale und Assessoren vielfach an die praktische Ausbildung herangetreten sind, erweisen sich bei genauerer Prüfung als unzulänglich. Die Unzulänglichkeit und besonders das Fehlen praktischer Ziele mußte schon damals nicht selten den Beteiligten klar werden. Die Mißstimmung, die die Folge war, ist erklärlich genug. Hin und wieder begegnet man auch heute noch wohlmeinenden Urteilen über den Wert des Einblicks in einen großen Betrieb und eines flüchtigen Kennenlernens der Formen, in denen dort gearbeitet wird. Wenn ich einen so gearteten Bericht lese, kann ich mich in der Regel des Eindrucks nicht erwehren, daß ich Abstraktionen ohne sehr großen praktischen Wert lese. Es sind Worte, hinter denen verhältnismäßig wenig Reales steckt. Wohlverstanden rede ich hier nur von der Ausbildung des künftigen Richters, also nicht von derjenigen des Verwaltungsbeamten. Für den letzteren ist die Technik des Organisierens einer Verwaltung bedeutungsvoll.

* * *

Einzelheiten der im letzten Jahre angewandten Methode.

Wie ist es möglich, die vorübergehende Beschäftigung eines Assessors in einem kaufmännischen oder industriellen Betriebe so zu gestalten, daß diejenige Art von Lebenserfahrung in möglichst intensivem Maße vermehrt und vertieft wird, die für jeden praktischen Richter wertvoll ist?

Als ich vor etwa einem Jahre begann, für die Vermittlung der Unterbringung preußischer Gerichtsassessoren in

Privatbetrieben tätig zu sein, habe ich geglaubt, eine Art von Schema aufstellen zu können, um den Prinzipalen und den Assessoren das richtige Aufziehen der Beschäftigung zu erleichtern. Es hat sich dann aber für mich ergeben, daß man zwar mit der Aufstellung eines solchen Schemas in einzelnen Fällen nützen kann, daß man aber Gefahr läuft, dadurch die Benutzung zahlloser Möglichkeiten, die sich nicht voraussehen lassen und die sich oft in überraschender Weise herausstellen, zu erschweren. Ich bin zu der Überzeugung gelangt, daß es möglich ist, die besten Erfolge dadurch zu erzielen, daß man den Assessor, bevor er sich zum Eintritt in den Privatbetrieb endgültig entschließt, so gründlich in die Idee und das Ziel des Vorhabens einweiht, daß er von Verständnis für die hohe Aufgabe dieses Nachstudiums durchdrungen ist. Hinzukommen muß dann, daß auch der Prinzipal gründlich aufgeklärt ist, worauf man hinauswill. Zuweilen habe ich mit Einzelvorschlägen, die sich nach der Natur des Betriebes und den Persönlichkeiten der Beteiligten richteten, nachgeholfen. Ich bin mit guten Erwartungen an die Sache herangegangen, finde aber, daß meine Erwartungen durch die Resultate erheblich übertroffen sind.

Neben der Werbung der Stellen war die Unterweisung der Assessoren über die Idee der Sache die wichtigste Arbeit. Anfangs habe ich gehofft, mit Assessoren, die weit entfernt wohnten, schriftlich verhandeln zu können. Ich habe das aufgeben müssen, weil ich einsah, daß es nur im Wege persönlicher Unterredung möglich ist, das eigene Vertrauen in den Wert des Vorhabens auf den jungen Mann zu übertragen, ihm klar zu machen, was man von ihm erwartet, und ihm die vielerlei kleinen Ratschläge zu geben, zu denen die Natur des gewählten Betriebes, die vom Prinzipal geäußerten Wünsche und — nicht am wenigsten

— die Persönlichkeit des Assessors selbst Anlaß geben. Bei diesen Unterredungen habe ich fast immer schnell Verständnis gefunden. Da ich die Zuführung der Assessoren ausnahmslos dem Königlich Preußischen Justizminister verdanke, so erklärt es sich leicht, daß ich bisher nur mit vorzüglich geeigneten Herren zu sprechen hatte. Sollten größere Mengen von Assessoren in Betracht kommen, so wird die Verständigung sich voraussichtlich nicht immer ebenso glatt vollziehen.

Im einzelnen habe ich mich bemüht, den jungen Herren auf Grund meiner Eindrücke aus der praktischen Rechtspflege heraus — häufig an Beispielen — zu entwickeln, in welcher Hinsicht es vielfach dem jungen Richter an praktischer Erfahrung fehlt, und ich habe dann versucht, ihnen im einzelnen die Wege zu weisen, wie man — während man ein Jahr oder ein halbes Jahr lang als ein Angestellter unter den Angestellten eines gewerblichen Betriebes lebt — bei klugem und bescheidenem Verhalten eine Welt von neuer Lebenserfahrung in sich aufnehmen und starke Fortschritte in der Menschenkenntnis machen kann.

Einzelheiten solcher Unterredungen hier näher zu schildern, ist nicht wohl möglich, da bei denselben alles sehr individuell gefärbt sein muß. Die jungen Herren, die rasch merken, daß der ältere Kollege nur ihr Bestes will, geben sich meist unbefangen. Die meisten sind sich, schon wenn sie zu mir kommen, völlig darüber klar, daß es sich für sie nicht — wie das früher so oft der Fall war — um ein behagliches, amüsantes Intermezzo im Berufsleben, sondern um ein durchaus ernsthaftes Unternehmen handelt, und daß für den Beginn eine Dosis jugendfrischen Wagemuts vorhanden sein muß. Voraussetzung der Verständigung ist, daß der junge Herr keinen Zweifel darüber läßt, daß er bereit ist, für das Jahr praktischen Nachstudiums gänzlich auf alle Anwandlungen von Berufsstolz zu verzichten. Er muß entschlossen sein, unter Männern des Erwerbslebens als einer der ihrigen zu leben, und er muß gewillt sein, mit ihnen nach Möglichkeit gut Freund zu sein, weil freundlicher Verkehr mit anders Erzogenen, mögen sie auch anders gestellten sozialen Schichten angehören, wie kein anderes Mittel das Verständnis für die Lebensanschauungen und Lebensverhältnisse anderer Bevölkerungsschichten erschließt. Diese Seite der Unterweisung des Assessors muß besonders ernst genommen werden. Nicht selten ist es bei der Werbung von Stellen durch mich dazu gekommen, daß der Prinzipal mir besonders zu verstehen gegeben hat, daß er sich nach dieser Richtung auf mich verlasse. Es ist wichtig, daß schon bei der Stellenwerbung den Prinzipalen die Sicherheit gegeben wird, daß ihnen kein Assessor empfohlen werden wird, bei dem nicht die Möglichkeit einer Bekundung übel angebrachten „Assessorenhochmuts" gänzlich ausgeschlossen ist.

Der Vertrauensmann darf seine Aufgabe nicht als mit der Unterbringung des Assessors abgeschlossen ansehen. Ich bezeichne hier als Tätigkeit des „Vertrauensmannes" die Tätigkeit, die ich bisher als Vermittler zwischen Prinzipalen und Assessoren ausgeübt habe, und die jetzt auch von einer Anzahl von Mitarbeitern zusammen mit mir ausgeübt werden wird. Der Vertrauensmann muß bestrebt sein, mit dem Assessor in brieflichem oder persönlichem Verkehr zu bleiben. Die Briefe, die ich von den meisten der jungen Herren erhalten habe, und die Unterredungen, zu denen Gelegenheit war, wenn der eine oder der andere mich später wieder besuchte, sind mir gleich wertvoll nach zwei Richtungen gewesen: sie haben mir die Möglichkeit gegeben, gelegentlich ratend einzugreifen, und sie haben mir unschätzbares Material zur Beurteilung der Resultate geliefert. Diese Korrespondenz ist um so wertvoller, als es vorkommt, daß der Leser des Briefes erfreuliche Resultate zu konstatieren vermag, die dem Schreiber gar nicht zum Bewußtsein gekommen sind.

Die jungen Leute reagieren auf die Masse der neuen Eindrücke verschieden. Elastische und leicht aufnehmende Naturen sind vom ersten Tage an überglücklich über den Strom von Wissenswertem, der auf sie einflutet. Andere sind zurückhaltender und neigen zu Zweifeln, ob die Erfahrungen, die sie zum Teil mit großen Unannehmlichkeiten erkaufen, ihnen wirklich so viel nützen werden. Gerade ein solcher kritischer Brief kann besonders interessant sein. Der Leser hat die Empfindung, als ob der junge Mann der in eingehender Schilderung über Menschen und Verhältnisse berichtet, seit der letzten Unterredung geistig in erstaunlichem Maße gewachsen sei. Der Schreiber des Briefes ist sich seiner Veränderung nicht bewußt; er sucht noch immer nach Dingen, die des Lernens wert sind, und ahnt nicht, was er schon gelernt hat. Ich habe dann wohl getröstet und geraten, der junge Herr möge warten, bis er wieder unter seinen Altersgenossen sein werde, da werde er es schon merken, welche Veränderung mit ihm vor sich gegangen sei.

Zwischen den Leitern einer Reihe großer merkantiler und industrieller Unternehmungen und mir bestand von Anfang an Einigkeit darüber, daß für eine Ausbildung, wie wir sie wünschen, mittlere Betriebe besser geeignet seien als Großbetriebe. Die nach meinem Empfinden ideale Gestalt einer Ausbildungsstelle läßt sich etwa folgendermaßen skizzieren: Ein kaufmännisches Geschäft, durch das den ganzen Tag über Scharen von Kunden, Agenten, Maklern hindurchziehen. Das Geschäft ist gegliedert in eine Anzahl von Abteilungen; an der Spitze der einzelnen Abteilung steht ein älterer Angestellter. Einem solchen wird der Assessor für drei Monate attachiert. Er gewinnt dessen Vertrauen. Zunächst hört er bei allen erdenklichen Verhandlungen, die das Geschäftsleben mit sich bringt, zu, während er mit jenem Angestellten in demselben Zimmer arbeitet. So ziehen die Vorgänge des Verkehrslebens in lebensfrischer Farbe und buntem Wechsel an dem jungen Assessor vorüber. Er tut einen tiefen Einblick in das gesunde Geschäftsleben in seiner Wirklichkeit. Die Eindrücke liefern ihm feste Anhaltspunkte zu späterer Beurteilung der kranken Fälle des Geschäftslebens. Nach einiger Zeit wird der Assessor zu selbständigen Besorgungen mit verwendet; verantwortliche Tätigkeit kommt zu der rein rezeptiven Tätigkeit hinzu. Er lernt mit Arbeitern geschäftlich zu verkehren; er kommt gelegentlich mit Angestellten der verschiedensten Schichten in Gespräch und gewinnt für die Bedingungen ihrer Existenz Verständnis und Interesse. — Nicht vollständig, aber annähernd hat dieses Ideal schon Verwirklichung gefunden. Die Ausbildungsperiode ist in dem einzelnen praktischen Falle, an den ich denke, jetzt beendet. Auf beiden Seiten, beim Assessor und beim Prinzipal, besteht der Eindruck vollkommenen Gelingens. Mit Bedauern hat man im Geschäfte den Assessor scheiden sehen. Die Leute hatten ihn liebgewonnen.

Als vortrefflich geeignet hat sich auch der Betrieb eines Hamburger Speditionshauses erwiesen. Hervorzuheben ist, daß der Assessor, der dort beschäftigt war, einen gründlichen Einblick in die Verhältnisse der deutschen Flußschiffahrt gewonnen und zu Gesprächen mit den Schiffern der Flußschiffe reichlich Gelegenheit gefunden hat. Er ist dann, nachdem er eine Reihe von Monaten im Hauptgeschäfte des Speditionshauses tätig gewesen war, vorübergehend in einer Filiale zu Antwerpen beschäftigt gewesen, und es ist ihm dort sogar zu selbständiger und verantwortlicher Tätigkeit Gelegenheit geboten worden.

Bei den großen Werken hat man es schwieriger, den Assessor in den Alltagsverkehr geschäftlichen Lebens hineinzubringen und ihm Gelegenheit zu geben, im Verkehr sein Verständnis für das Denken und Handeln der Menschen zu bereichern. Ich habe mich stets bemüht, den Leitern großer Unternehmungen gegenüber zu betonen, daß der junge Assessor nicht in die Zentralstellen, sondern an die Peripherie gehört. So werden bei großen Werken die Verkaufsstellen in der Regel geeignetere Lernstellen sein als die Zentralbureaus. Durchaus im Sinne dieser Anregungen ist man mit Erfolg bei Friedr. Krupp Aktiengesellschaft in Essen bei der Einführung eines von mir dorthin empfohlenen Assessors verfahren. Und ebenso beabsichtigt man bei der Allgemeinen Elektrizitäts-Gesellschaft in Berlin diese Erwägungen zu berücksichtigen.

Für nützlich halte ich es, wenn Unternehmungen, zu denen mehrere kleinere Einzelbetriebe in verschiedenen Gegenden gehören, den Assessor für einige Zeit in einen solchen kleineren Einzelbetrieb entsenden. Ich glaube, daß die Absicht, den Assessor in intensiven Verkehr mit anderen Schichten zu bringen und deren Lebensverhältnisse und Anschauungen kennen zu lehren, sich in solchen kleineren Betrieben besonders gut verwirklichen läßt. Dementsprechend beabsichtigen die Rütgerswerke Aktiengesellschaft in Berlin den Assessor, der ihnen zugeführt ist, zunächst bei der Zentralstelle kurze Zeit zu informieren, um ihn dann zunächst auf längere Zeit in eine westfälische Fabrik zu senden. — Die Allgemeine Deutsche Kleinbahngesellschaft

Aktiengesellschaft beabsichtigt, einen Assessor zunächst bei einer Kleinbahn in Schlesien, einen anderen bei einer Kleinbahn in Westpreußen zu beschäftigen, um die jungen Herren dann erst im letzten Teile ihrer Ausbildungszeit bei der Zentralstelle in Berlin arbeiten zu lassen. Für den Einblick speziell in die Lebens- und Erwerbsverhältnisse der Arbeiter erhoffe ich Günstiges von der Beschäftigung von Assessoren im Kaibetriebe der Firma C. Woermann und im Betriebe der Schiffswerft von Blohm & Voß in Hamburg. Die erstere Stelle ist bereits besetzt, die zweite wird besetzt.

Besonders wirksam hat sich nach meinen Beobachtungen der Auslandsaufenthalt erwiesen. Die Beschäftigung von Assessoren im Auslande verdanken wir bisher in den wichtigsten Fällen der Hamburg-Amerika-Linie. Das Leben in Newyork und in London innerhalb des dortigen geschäftlichen Treibens, und auch schon der Verkehr mit Passagieren und Schiffsbesatzung auf den Ozeandampfern hat auf junge Assessoren aus dem deutschen Binnenlande nach meinem Empfinden in hohem Grade reifend und den Überblick über menschliche Verhältnisse erweiternd gewirkt.

Bis hierher habe ich Beschäftigungsarten geschildert, die sich völlig im Rahmen des von Anfang an von mir Beabsichtigten halten. Ich habe aber im letzten Jahre eingesehen, daß es verkehrt sein würde, anders geartete Ausbildungsmöglichkeiten, die sich unerwartet eröffnen, gering zu achten und beiseite zu lassen. Ich bin auf Leiter bedeutender Betriebe getroffen, die keine Neigung hatten, einen Assessor in der vorher skizzierten Weise zu beschäftigen, die aber doch der Gedanke ansprach, daß sie als Chefs angesehener Unternehmungen das Nobile officium hätten, zur praktischen Ausbildung künftiger Richter das ihrige mit beizutragen. Diesen Herren gefiel der Gedanke, einen strebsamen und unbedingt vertrauenswürdigen jungen Juristen, der noch nichts von dem Treiben des Handels gesehen habe, für einige Zeit in ihre Nähe zu ziehen und ihn nicht etwa draußen an der Peripherie, auch nicht in großen Zentralbureaus, sondern gewissermaßen „beim Stabe" zu beschäftigen. Ihnen gefiel der Gedanke, gewissermaßen zu ihrer Erholung, sich selber gelegentlich mit dem jungen Manne zu beschäftigen und ihm den Einblick in die Verhältnisse des großen Handels zu eröffnen. In einem Falle hat das Experiment schon vor vielen Monaten begonnen. Ich habe der Entwickelung der Dinge zuerst mit einiger Besorgnis zugeschaut. Aber, siehe da, die Sache marschierte tadellos! Der Assessor hat in relativ kurzer Zeit erstaunlich viel gesehen und gelernt, und wenigen wird es beschieden sein, daß ihnen als Nichtkaufleuten ein so tiefer Einblick in das Werden und Durchführen merkantiler Pläne und Unternehmungen eröffnet wird. Daß in jenem Falle für die Assessorausbildung ein voller Erfolg erzielt ist, ist klar. Mit frischer Hoffnung sehe ich nun der demnächstigen Entwickelung zweier verwandter Fälle entgegen.

Es ist ferner noch zu erwähnen, daß auch Betriebe vorkommen, die geneigt sind, Assessoren mit überwiegend juristisch gefärbter Arbeit zu beschäftigen. Gewiß liegt solche Beschäftigung nicht ganz im Rahmen der ursprünglichen Idee. Es scheint aber klar, daß es für einen jungen Assessor, der Richter werden will, in hohem Maße lehrreich ist, bei der aufbauenden Arbeit der Verhandlung über große Verträge mitzuwirken und bei Arbeiten Hilfe leisten zu dürfen, wie sie die Syndici großer industrieller Unternehmungen zu leisten haben. Ein tüchtiger Assessor, den wir zu einem industriellen Werke in Schlesien gebracht haben, ist dort in einer Weise beschäftigt worden, die in der Hauptsache juristischen Charakter trug. Er hat sich mir gegenüber ganz glücklich und voll Dankbarkeit gegen seine Chefs geäußert, und ich habe keine Zweifel, daß die Erfahrung dieses Ausbildungsjahres dem jungen Herrn in seiner späteren richterlichen Tätigkeit von großem Nutzen sein wird.

Man muß für die Beteiligung von Kaufleuten und Industriellen an der Heranbildung künftiger Richter damit rechnen, daß die Neigungen, die Anschauungen und der Wagemut der einzelnen Prinzipale geradezu überraschende Verschiedenheiten aufweisen. Viele Kaufleute habe ich getroffen, die es gar nicht für möglich hielten, daß sich ein beschäftigter Kaufmann auf solche Dinge einlassen würde. Und doch haben wir bisher keinen schlechten Zuzug gehabt. Von erfahrener Seite ist mir in einer großen Stadt des Binnenlandes gesagt worden, ich würde es nie dahin bringen, daß ein Kaufmann einen Assessor dabei anwesend sein lasse, wenn entscheidend über einen Abschluß verhandelt werde. Dabei sehen wir jetzt, wie hier im deutschen Westen hier und da die Assessoren ganz unbedenklich zum Zuhören bei Abschlüssen und wichtigsten Verhandlungen zugezogen werden. Fort und fort hat man mir gesagt, kein beschäftigter Kaufmann habe Zeit, sich um Assessoren zu kümmern, und dabei treffe ich auch vielbeschäftigte Kaufleute, denen es eine Erholung ist, sich um ihren Assessor zu kümmern.

Und nun noch einen Streifblick auf die Beschäftigung in der Landwirtschaft. Einer unserer Assessoren hat sich aus eigener Initiative nach Rücksprache mit mir und unter meinem Zureden einer vorübergehenden landwirtschaftlichen Beschäftigung zugewendet. Er ist Volontär auf einem Gute und schreibt überaus befriedigt. Ich bin überzeugt, daß es für unsere Rechtspflege höchst erfreulich wäre, wenn recht viele Richter in landwirtschaftlichen Verhältnissen versiert und mit den Lebensverhältnissen der landwirtschaftlichen

Bevölkerung vertraut wären. Die Bedenken liegen auf zwei ganz verschiedenen Gebieten. Einmal sind die lokalen Verschiedenheiten der ländlichen Lebensverhältnisse und Anschauungen besonders groß, so daß der Assessor das Gelernte später nur in derselben oder doch in einer nicht zu entfernt gelegenen Gegend reichlich verwerten kann. Sodann wird es schwer möglich sein, Assessoren als Volontäre auf Gütern unterzubringen, ohne daß dieselben namhafte Vergütungen zu zahlen haben. Diese Art des Nachstudiums kommt daher nur für Söhne wohlhabender Eltern in Betracht.

Alles in allem darf ich sagen, daß die Erfahrungen, die wir im ersten Jahre mit unserer Unterbringung von Assessoren in Privatbetrieben gemacht haben, gute gewesen sind und unsere Erwartungen erheblich übertroffen haben.

* * *

Über die Unbequemlichkeiten der Assessorenbeschäftigung für den Prinzipal.

Das am schwersten zu überwindende Hindernis, das der vorübergehenden Aufnahme von Assessoren in Privatbetriebe entgegensteht, ist die Besorgnis vor den Unbequemlichkeiten, die die Anwesenheit des Assessors mit sich bringen wird. Wenn ein Assessor so beschäftigt wird, daß ihm in möglichst zweckmäßiger Weise ein Studienfeld eröffnet wird zu praktischem Studium der Menschen und zum Lernen, wie es im geschäftlichen Alltagsleben des gesunden Verkehrs zugeht, so wird der Assessor sich nur in recht bescheidenem Maße nützlich machen können. Unzweifelhaft muß bei solcher Beschäftigung die Anwesenheit des Assessors Unbequemlichkeiten mit sich bringen, ich habe aber allmählich die Überzeugung gewonnen, daß diese Unbequemlichkeiten doch von den Kaufleuten und Industriellen, die eine richtige Probe noch nicht gemacht haben, im allgemeinen überschätzt werden. Es ist für die gute Sache ein Unglück, daß man so oft auf die abschreckenden Erinnerungen an die fehlerhaft eingeleiteten Versuche aus früherer Zeit trifft. Wenn die jungen Herren, ohne gehörige Anleitung, mit der Absicht erschienen, eine behagliche, amüsante Zeit zu verleben und sich einige Stunden am Tage als vornehme Gäste den kaufmännischen Betrieb anzusehen, so kann man sich nicht über die Bitterkeit wundern, mit der die Prinzipale sich solcher Episoden aus früherer Zeit erinnern. Es ist leicht zu verstehen, daß die Anwesenheit solcher spät am Vormittage erscheinender, früh am Nachmittage verschwindender Gäste geradezu ungünstig auf die Disziplin des Betriebes gewirkt hat. Jedermann wird auch den Kaufleuten nachfühlen können, daß es störend und irritierend wirken muß, wenn zwischen den Angestellten ein junger Mann sich bewegt, der dort nur ein Fremdling sein will und gar nicht die Absicht hat, sich für die Zeit seiner Anwesenheit als ein Angehöriger des Betriebes und als ein guter Kamerad zu fühlen und zu verhalten. Ich habe bei meinen Unterredungen mit norddeutschen Kaufleuten und Industriellen die Herren regelmäßig erst dann zur Aufnahme eines Assessors bereit gefunden, wenn ihnen klar geworden war, daß es sich gegenwärtig um Assessoren handeln solle, bezüglich deren man ganz sicher sein könne, daß sie die Sache sehr ernst nehmen würden und alles aufbieten würden, sich den bestehenden Verhältnissen anzupassen. Als einen bezeichnenden Scherz möchte ich erzählen, daß mir einer der Chefs eines mächtigen Handelshauses, nachdem er mir zugesagt hatte, einen Assessor zu nehmen, noch beim Scheiden zurief: „Aber Sie sorgen doch dafür, daß der Herr nicht mit einem Monokel kommt!“

Die meisten vielbeschäftigten Chefs größerer Betriebe haben weder Zeit noch Lust, sich mit der Unterweisung eines Assessors zu plagen. Die für den Regelfall richtige Methode ist die, daß der Assessor zunächst an den einen oder den anderen älteren Angestellten gewiesen wird, dem vorher die Situation klargemacht ist, und der vom Prinzipal ersucht ist, sich des jungen Mannes anzunehmen. Sache des Assessors ist es, mit jenem Angestellten und allmählich auch mit anderen Angestellten sich auf freundschaftlichen Fuß zu stellen. Ist der Assessor ein von ernstem Streben erfüllter junger Mann und verfügt er dazu über einiges Geschick, so läuft nach einiger Zeit die Sache ganz von selber. Der Assessor findet nachher selber allmählich seine Wege auch zu anderen Abteilungen, und am Schlusse der Dienstperiode kann man es dann erleben, daß der Assessor ein gewaltiges Maß von Erfahrung eingesammelt hat, daß die Angestellten ihn ungern scheiden sehen, und daß der Chef kaum irgendwie nennenswert molestiert worden ist. Diese Darstellung wäre wenig wert, wenn sie nur der Ausdruck der Hoffnung wäre, daß es in Zukunft so gehen möchte. Da es sich aber um Erfahrungen aus der Wirklichkeit handelt, ist sie doch vielleicht mehr wert.

Es versteht sich von selbst, daß nicht alle Assessoren gleich geschickt sind. Ich habe schon Gelegenheit gehabt, zu beobachten, daß die Erfolge, die mehrere Assessoren unter fast ganz gleichen Bedingungen bei der Beschäftigung in Privatbetrieben erzielen, recht verschieden sind. Aber die Fälle, in denen der Verlauf ein minder glücklicher gewesen ist, bilden eine sehr kleine Minderzahl.

* * *

Beschäftigung gegen Gehalt oder als Volontär?

Nicht ganz einfach liegt die Gehaltsfrage.

In den vereinzelten Fällen, in denen ein Assessor in der Ausbildungsstelle ähnlich wie ein Syndikus beschäftigt wird, erscheint es natürlich und billig, daß der junge Herr, wenn er Nützliches leistet, für seine Arbeit auch in angemessener Weise honoriert wird. Ganz anders liegt die Sache in der großen Mehrzahl der Fälle, weil hier das Werk oder das Handelshaus durch die Aufnahme des Assessors im öffentlichen Interesse, insbesondere im Interesse des Handels, ein Opfer bringt. Für solche Fälle bin ich anfangs gar nicht auf den Gedanken verfallen, daß irgendein Kaufmann oder Industrieller sich bereitfinden könnte, obendrein auch noch Geld auszugeben. Darin habe ich mich getäuscht. Manche Leiter größerer Unternehmungen haben sich dahin entschieden, daß sie sich zur Aufnahme eines Assessors nur bereit fänden, wenn der Assessor ein Gehalt zu beziehen hätte. Der Grund liegt zum Teil auf dem Gebiete der Rücksicht auf die Anforderungen der Disziplin des Betriebes; zum Teil spricht die Erwägung mit, daß man dem Assessor die Aufgabe, unter den Angestellten wie einer der ihrigen zu leben, erleichtert, wenn man ihn auch äußerlich als Angestellten in den Organismus des Betriebes einfügt. Tatsächlich wird daher einem beträchtlicheu Teil unserer Assessoren Gehalt gezahlt. Die Beträge variieren. In einigen Fällen wird ein Gehaltsbetrag gezahlt, der ganz niedrig ist und nur symbolisch das Anstellungsverhältnis zum Ausdruck bringen soll. Der Betrag beläuft sich dann auf 100 M. monatlich. In anderen Fällen wird 150 M. oder 200 M. und vereinzelt auch noch mehr gezahlt.

Diesen Fällen stehen viele andere gegenüber, in denen

kein Gehalt gewährt wird. Dabei liegt die Sache keineswegs so, daß etwa große Betriebe Gehalt zahlen, mittlere Betriebe aber kein Gehalt gewähren. Es sind große Werke und Häuser vorhanden, die kein Gehalt zahlen, und es kommt vor, daß ein relativ kleiner Betrieb Gehalt zahlt. Maßgebend sind allein die in diesem Punkte verschiedenartig gestalteten Anschauungen und Neigungen der einzelnen Prinzipale.

Selbstverständlich ist für viele Assessoren die finanzielle Seite der Sache sehr wichtig. Manche hoffen, im Wege der Beschäftigung in einem Privatbetriebe früher unabhängig zu werden. Andere sind überhaupt nicht in der Lage, mit den ihnen zur Verfügung stehenden Mitteln fern von ihrem Heimatsorte in einer Großstadt zu leben. Auf solche Hoffnungen und Umstände kann bei der Auswahl der Assessoren leider keine Rücksicht genommen werden. Das ist eine bedauerliche Härte, aber diese Härte liegt in den Verhältnissen, und es kann daran nichts geändert werden. Das Unternehmen, ein solches Studienjahr durchzumachen, erfordert die volle Hingabe des jungen Mannes an ein Erziehungsziel, das mit Gelderwerb nichts zu tun hat. Wer dabei einen finanziellen Nebenzweck verfolgen muß, büßt dadurch an Elastizität und Bewegungsfreiheit ein. Der Kaufmann oder Industrielle, der durchfühlt, daß für den Assessor der Geldverdienst eine wesentliche Rolle spielt, wird dagegen sehr empfindlich sein; die Absicht, für das Empfangen einer Belehrung auch noch Geld zu verdienen, muß den anderen Teil verstimmen. Der Kaufmann und der Industrielle wollen die Vergütung gewähren, weil sie aus bestimmten Rücksichten des Dienstes es für zweckmäßig halten, daß der Assessor als Angestellter gilt. Es kann ihnen dann nicht passen, wenn der Assessor die Sache so auffaßt, als habe er auf Entlohnung wertvoller Arbeit Anspruch.

Ein weiterer wichtiger Punkt ist der folgende: Es kommt sehr viel darauf an, daß bei der Vermittelung der Einstellung des Assessors der richtige Mann für die richtige Stelle gewählt wird. Ist — wie z. B. in dem Zeitpunkt, in dem ich dieses schreibe — eine beträchtliche Serie von Stellen in verschiedenen Gegenden auf eine große Zahl von Bewerbern aus einer Reihe von Provinzen zu verteilen, so ist es schon schwierig genug, die Aufgabe richtig durchzuführen. Die Arbeit kann nur gelingen, wenn ausschließlich die erzieherischen Rücksichten maßgebend sind. Bringt man da noch finanzielle Rücksichten mit ins Spiel, so wird die Sache zu kompliziert. Den jungen Mann, dem es auf den Geldverdienst ankommt, interessiert es nicht allein, ob er als Volontär oder gegen Gehalt eingestellt werden soll; ihm kommt es dann auch darauf an, ob er 100 M. oder 250 M. monatlich erhalten wird. So gerät man in Verhandlungen hinein, die ausnehmend störend und nachteilig auf das Gedeihen des Ganzen wirken müssen. Will bei dem von mir für richtig gehaltenen Verfahren wirklich einmal das Unglück, daß ein minder bemittelter Assessor in eine Volontärstelle kommt, während ein mehr bemittelter Kollege in eine Stelle gerät, wo ihm ein Gehalt gezahlt wird, so ist das zu bedauern, aber es muß ertragen werden.

* * *

Die Gefahr des dauernden Ausscheidens aus der Justiz.

Die Ansicht, daß die Rechtspflege ihre besten jungen Kräfte an die Industrie verlieren werde, wenn man die

Assessoren zu ihrer Ausbildung in der Industrie vorübergehend beschäftigen werde, ist weit verbreitet. Ich denke optimistischer. Auch ich glaube, daß hin und wieder einer unserer jungen Herren in die Industrie übertreten wird, aber ich glaube nicht daran, daß das häufig eintreten wird. Es macht einen großen Unterschied aus, ob ein Assessor mit Hilfe von Beziehungen, die er besitzt, sich selber Aufnahme bei einem industriellen Werke verschafft, oder ob er — von seinen Vorgesetzten ausgewählt — durch einen Vertrauensmann, der nur den Interessen der Rechtspflege dienen will, einem Werke zugeführt wird, das ihn wiederum nur zu dem Zwecke aufnimmt, den Interessen der Rechtspflege zu dienen. Der Umstand, daß sich der Vermittler zuvor sowohl mit dem Assessor wie mit dem Werke über das Ziel der Ausbildung eingehend verständigt hat, und daß der Assessor seine Einstellung in den Betrieb nur dieser Verständigung verdankt, wird in der Regel als eine starke Barriere gegen die Gefahr des Abtrünnigwerdens wirken. Es ist dabei zu berücksichtigen, daß sich ein Industrieller ja überhaupt nicht dem Vermittler gegenüber bereit erklären wird, wenn er nicht für den Gedanken, daß es seine Sache sei, zur Heranziehung tüchtiger Richter mitzuwirken, warm geworden ist. Nicht leicht und nicht ohne Überwindung starker innerer Widerstände wird es zu einer nachträglichen Sinnesänderung beider Teile kommen.

Es kommt dann ein äußerer, die Gefahr des Übertritts beschränkender Umstand hinzu. Die Beschäftigung unserer jungen Assessoren bei den Werken wird meist von vornherein anders aufgezogen werden als die Beschäftigung junger Juristen, die man zu Direktoren zu erziehen gedenkt. In allen Fällen, in denen der junge Herr „an die Peripherie" kommt, wird er wenig Gelegenheit haben, sich in einer für die Zentralleitung bemerkbaren Weise besonders nützlich zu machen oder gar auszuzeichnen.

Sicherlich ist es möglich, daß ich zu optimistisch urteile. Aber bis jetzt hat mir der tatsächliche Verlauf der Dinge noch nicht Unrecht gegeben; wir haben bis jetzt noch keinen Übertritt eines unserer Assessoren zu verzeichnen gehabt.

* * *

Wird der einzelne Prinzipal sich wiederholt zur Aufnahme eines Assessors bereit finden?

Für die Bereitstellung von Stellen zur vorübergehenden Beschäftigung von Assessoren würde es von großem Werte sein, wenn nach beendigter Ausbildungsperiode dieselben Stellen zur Neubesetzung offen blieben. Leider ist es meines Erachtens ganz unwahrscheinlich, daß dieser Fall sehr häufig eintreten wird. Wenn die Beschäftigung des Assessors auch noch so gut und für alle Beteiligten erfreulich verlaufen ist, so wird doch in der Regel bei denjenigen Herren des Werks oder des Handelshauses, die speziell mit der Sache befaßt gewesen sind, ein Gefühl der Erleichterung sich geltend machen, daß alles so programmäßig und glücklich abgelaufen ist. Auf sofortige Wiederholung wird — von Ausnahmefällen abgesehen — wohl nur bei großen Gesellschaften zu hoffen sein. Ich glaube wohl, daß man in vielen Fällen bereit sein wird, nach einiger Zeit die Beschäftigung eines Assessors zu wiederholen, aber man wird meist den Wunsch hegen, daß eine gewisse Schonzeit gewährt werden möge. Ein großes Handlungshaus, das schon früher einen Assessor — der nicht von uns zugeführt war — beschäftigt hatte, hat sich vor einiger Zeit ausbedungen, daß der neue Assessor nicht vor dem Ende einer etwa halbjährigen Pause kommen dürfe. In einem anderen Falle hat ein Prinzipal, der mit seinem Assessor in hohem Grade zufrieden gewesen war, bis auf weiteres noch abgelehnt, sich über die Frage einer Erneuerung des Unternehmens zu entscheiden. Danach liegt die Sache nicht so, daß jede neu hinzugeworbene Stelle die Zahl der bereiten Stellen vermehrt, denn dem Hinzutritt neuer Stellen wird ein Wegfallen älterer Stellen gegenüberstehen.

* * *

Die große Mehrzahl der geworbenen Ausbildungsstellen gehört geographisch drei gesonderten Gruppen an. Eine Gruppe besteht aus Firmen des westfälisch-rheinischen Industriegebiets. Eine zweite Gruppe hat ihren Sitz in Berlin. Das Zentrum der dritten Gruppe ist Hamburg. Als isoliert gelegene Stellen kommen hinzu: ein Werk am unteren Main (Farbwerke vormals Meister, Lucius & Brüning in Höchst am Main); ein Werk im Magdeburgischen (Grusonwerk) und ein Werk in Breslau. Ferner ist zu nennen die bereits erwähnte Allgemeine Deutsche Kleinbahn-Gesellschaft mit zwei Ausbildungsstellen je in Schlesien und Westpreußen und ein Werk zu Neumünster in Holstein. Sechsundzwanzig weitere Firmen aus verschiedenen Bundesstaaten sind gegenwärtig als im Prinzip bereitwillig gemeldet. Die Verhandlungen mit diesen werden sukzessive eingeleitet.

Die bereiten Stellen sind bis jetzt ausschließlich an Assessoren vergeben, die von der preußischen Justizverwaltung für geeignet befunden und zur Bewerbung veranlaßt sind. Aus fast allen preußischen Oberlandesgerichtsbezirken sind Assessoren berücksichtigt worden, wenn auch in ungleicher Zahl. Zu bemerken ist, daß im ganzen die Zahl der Bewerber aus dem Westen der preußischen Monarchie erheblich größer gewesen ist als diejenige der Bewerber aus den östlichen Provinzen. — Neuerdings hat sich auch der Königlich Sächsische Justizminister bereit gefunden, mir Assessoren zuzuführen. Außer preußischen Assessoren werden daher jetzt auch sächsische Assessoren von uns berücksichtigt werden.

Weil der Assessor sich während der praktischen Ausbildungsperiode in ihm fremde Lebensverhältnisse einleben soll, so halte ich es für im allgemeinen zweckmäßig, daß als Beschäftigungsort nicht gerade sein Heimatsort gewählt wird. Die Aufgabe wird leichter werden, wenn mit dem Eintritt in die praktische Beschäftigung zugleich eine Übersiedelung in eine fremde Stadt verbunden ist, wo noch kein fester Kreis von Freunden und Bekannten vorhanden ist. — Die Landesgrenzen der deutschen Bundesstaaten sind für uns keine trennenden Grenzen. Preußische Assessoren sind in Hamburger Betrieben beschäftigt; ein sächsischer Assessor kommt jetzt nach Westfalen.

Je größer der Kreis der industriellen Werke und der Kaufmannshäuser wird, die sich entschließen, einmal und vielleicht — wenn der Verlauf ein glücklicher gewesen sein sollte — nach einer Pause ein zweites Mal einen Assessor zu vorübergehender Beschäftigung aufzunehmen, desto leichter wird es für die Vermittler werden, unter richtiger Individualisierung geeignete Bewerber mit geeigneten Prinzipalen zusammenzuführen. Gar oft habe ich die Antwort erhalten: „Mein Betrieb ist für die Sache nicht geeignet.“ In den meisten Fällen wird diese Antwort auf ungenügender Einsicht in die Verhältnisse beruhen. Bei der vermittelnden Tätigkeit gewinnt man allmählich den Eindruck, daß es nicht allzu viele mittelgroße und große Betriebe gibt, die aus bestimmten Gründen wirklich ungeeignet sind. Es gibt in der Tat Betriebe, in denen die Tätigkeit eine so nach dem Bilde großer behördlicher Bureaus geordnete und so einförmige ist, daß sie zur Beschäftigung eines Assessors untauglich sind. Die gewaltige Mehrzahl aller mittelgroßen und großen wirtschaftlichen Betriebe ist aber so geartet, daß sie alle miteinander ein prächtiges Studienfeld abgeben, wenn ein verständiger junger Jurist im Assessoralter den Versuch machen will, inmitten des Treibens des Erwerbslebens unter Angestellten eines wirtschaftlichen Betriebes eine Zeitlang wie einer der ihrigen zu leben, um mit dem Denken und Handeln des geschäftlichen Lebens und der erwerbenden Stände persönliche Fühlung zu gewinnen. In der Hauptsache kommt es für die Entwickelung dieser Art von Ausbildung daher nur darauf an, daß es gelingt, die kaufmännische und die industrielle Welt mehr und mehr mit der Überzeugung zu durchdringen, daß die Kaufleute und Industriellen in der Tat imstande sind, bei der Ausbildung der zukünftigen Richter nützlich mitzuwirken. Wenn nur immer weitere Kreise von Handel und Industrie die Einsicht gewinnen, daß sie das können, und daß sie es können, ohne ihre Interessen ernsthaft zu schädigen, werden sie auch in schnell zunehmendem Maße dazu bereit sein. Davor, daß es an Bereitwilligkeit auf seiten der jungen Juristen fehlen werde, braucht man meines Erachtens nicht besorgt zu sein. Die Strömung in der für die Juristenerziehung interessierten Welt, die nach der Seite des Praktischen, Lebenswahren und Zweckmäßigen gerichtet ist, besitzt heutzutage solche Kraft, daß es an dem Zuzug geeigneter junger Leute nicht fehlen wird, vorausgesetzt, daß die Justizverwaltung des betreffenden Bundesstaats einer solchen Ausbildung freundlich gegenübersteht.

Druck von A. W. Hayn's Erben (Curt Gerber), Potsdam.

Kolibri 360 GmbH
Ferdinand-Jühlke-Straße 7
99095 Erfurt, Deutschland
produktsicherheit@kolibri360.de